Manual de formação de
ministros da Eucaristia

Dados Internacionais de Catalogação na Publicação (CIP)
(Câmara Brasileira do Livro, SP, Brasil)

Bohn, Antônio Francisco
    Manual de formação de ministros da Eucaristia / Antônio Francisco Bohn. – 4. ed. – Petrópolis, RJ : Vozes, 2015.

3ª reimpressão, 2024.

ISBN 978-85-326-4368-1
1. Ação católica 2. Catequese – Igreja Católica 3. Eucaristia I. Título.

12-03761   CDD-264.36

Índices para catálogo sistemático:
1. Formação de ministros da Eucaristia : Igreja Católica : Manuais   264.36

Antônio Francisco Bohn

Manual de formação de ministros da Eucaristia

Petrópolis

© 2012, Editora Vozes Ltda.
Rua Frei Luís, 100
25689-900 Petrópolis, RJ
www.vozes.com.br
Brasil

Todos os direitos reservados. Nenhuma parte desta obra poderá ser reproduzida ou transmitida por qualquer forma e/ou quaisquer meios (eletrônico ou mecânico, incluindo fotocópia e gravação) ou arquivada em qualquer sistema ou banco de dados sem permissão escrita da editora.

CONSELHO EDITORIAL

Diretor
Volney J. Berkenbrock

Editores
Aline dos Santos Carneiro
Edrian Josué Pasini
Marilac Loraine Oleniki
Welder Lancieri Marchini

Conselheiros
Elói Dionísio Piva
Francisco Morás
Gilberto Gonçalves Garcia
Ludovico Garmus
Teobaldo Heidemann

Secretário executivo
Leonardo A.R.T. dos Santos

Editoração: Fernando Sergio Olivetti da Rocha
Diagramação: Sheilandre Desenv. Gráfico
Capa: Omar Santos

ISBN 978-85-326-4368-1

Este livro foi composto e impresso pela Editora Vozes Ltda.

Sumário

Apresentação, 7

Introdução, 9

1 Ministros extraordinários da Comunhão, 11

2 Outros ministérios litúrgicos: unidade litúrgica, 15

3 Liturgia: ações, sinais, gestos, palavras, símbolos e movimentos, 23

4 O Ano Litúrgico, 31

5 As cores e objetos litúrgicos, 39

6 Os livros litúrgicos, 45

7 Os sacramentos, 51

8 Eucaristia: fundamentos bíblico-teológicos, 63

9 Eucaristia: nomes e significados, 67

10 Eucaristia e compromisso – O atendimento pastoral, 73

Referências, 81

Índice, 83

Apresentação

A aprovação dos ministros extraordinários da Comunhão pela Santa Sé tornou-se, no Brasil, abençoada forma de maior participação dos leigos na vida da Igreja, sobretudo nas pequenas comunidades. Onde o sacerdote não pode fazer-se presente, especialmente aos domingos, o ministro extraordinário da Comunhão, devidamente capacitado e provisionado, anima a liturgia da comunidade, distribui também a Eucaristia aos enfermos e, com isso, leva o consolo e a presença do Senhor às famílias e aos lares.

A função do ministro extraordinário da Comunhão, contudo, vai além do aspecto estritamente litúrgico. É o próprio Pe. Antônio Francisco Bohn, autor dessas preciosas páginas de formação e aprofundamento, e membro do clero da Diocese de Blumenau, quem o afirma. Assim Pe. Bohn define o ministro da Eucaristia: "É aquele que ajuda a fazer acontecer a comunhão das pessoas e das famílias entre si, do povo com o padre e do padre com o povo, e também a comunhão entre as lideranças da comunidade. Decorrente desse testemunho, ele distribui a Eucaristia, Sacramento da Comunhão".

Por isso, pode-se afirmar que o sentido de levar a Comunhão, entendido num primeiro momento como distribuição da hóstia consagrada apenas, alarga-se para todos os aspectos da vida comunitária. Associa a pessoa e a função do ministro à tarefa de construir e animar toda a vida eclesial de uma localidade. Dessa forma, ele é enviado a ser Eucaristia entre os grupos e famílias a que serve.

Daí a necessidade, verdadeira urgência, de uma adequada e permanente formação dos ministros da Eucaristia. Faço votos de que o presente trabalho se torne um verdadeiro "presente", em agradecimento aos nossos ministros e ministras que não medem esforços no serviço à nossa Igreja e seja, ao mesmo tempo, um incentivo para fazer do próprio ministério uma verdadeira evangelização.

Blumenau, 30 de setembro de 2011.
Dom José Negri, PIME
Bispo diocesano de Blumenau

Introdução

A Igreja celebra a liturgia, como povo sacerdotal, no qual cada um atua segundo a própria função, na unidade do Espírito Santo: os batizados oferecem-se em sacrifício espiritual; os ministros ordenados celebram segundo a ordem recebida para o serviço de todos os membros da Igreja.

A celebração litúrgica é tecida de sinais e de símbolos. Alguns provêm da criação (luz, água, fogo, pão, vinho, óleo); outros da vida social (lavar, ungir, partir o pão); outros da história da salvação na Antiga Aliança (os ritos da Páscoa, os sacrifícios, a imposição das mãos, as consagrações). Estes sinais, alguns dos quais são normativos e imutáveis, assumidos por Cristo, tornam-se portadores da ação salvífica e de santificação.

Na celebração sacramental ações e palavras estão intimamente ligadas. Mesmo que as ações simbólicas sejam, em si, uma linguagem, é necessário que as palavras do rito acompanhem e vivifiquem estas ações. Enquanto sinais e ensino, as palavras e os gestos são inseparáveis, uma vez que realizam aquilo que significam.

A grande maioria de nossas paróquias conta com a colaboração de ministros extraordinários da Comunhão. Este manual, dedicado a eles, foi preparado para os que desejam aprofundar alguns temas.

A formação está prevista para 10 grandes temas, que podem ser estudados e aprofundados nas reuniões paroquiais. Alguns temas gerais: ministros extraordinários da Comunhão; outros ministérios litúrgicos; o Ano Litúrgico, as cores, objetos e livros litúrgicos; os sacramentos; Eucaristia: fundamentos bíblico-teológicos; Eucaristia: nomes e significados, e, finalmente, a Eucaristia e compromisso – o atendimento pastoral.

1
Ministros extraordinários da Comunhão

O ministro é aquele que ajuda a fazer acontecer a comunhão das pessoas e das famílias entre si, do povo com o padre e do padre com o povo. E também a comunhão entre as lideranças da comunidade. Decorrente desse testemunho, ele distribui a Eucaristia, Sacramento da Comunhão.

Deve ter consciência de que ele não é o dono da igreja, nem do ministério e nem do padre, muito menos do Santíssimo Sacramento ou do sacrário.

Exerce o seu ministério como um serviço à comunidade. Deve saber elogiar e incentivar, sobretudo os que estão começando a exercer algum serviço na comunidade. Ser um descobridor de talentos.

Quando o ministro da Comunhão ocupa vários ministérios ao mesmo tempo, é sinal de que não está conseguindo cumprir sua verdadeira missão, que é a de promover a comunhão e a participação.

Deve ter piedade eucarística. Sua mística é comunicada pelo jeito de distribuir a Eucaristia, pelo modo como se aproxima do sacrário, do altar, pelo jeito como leva consigo o cibório, a teca com a Comunhão para os doentes.

Deve ter zelo com a casa de Deus, com os vasos sagrados, com os paramentos e alfaias. É importante que o ministro tenha zelo com o tabernáculo.

A missão do ministro

Os ministérios são conferidos em vista da evangelização. Mesmo atuando na área sacramental, o ministro é, antes de tudo, evangelizador. É preciso fomentar ministérios de acordo com as necessidades da evangelização.

Ser ministro é uma vocação que se fundamenta no batismo e nos dons do Espírito. Mas o primeiro trabalho do leigo não é na igreja, mas no mundo. A missão do leigo é transformar a realidade.

Que o ministro leigo não fuja das realidades temporais, mas esteja presente e ativo no meio delas. Os ministros são chamados a colaborar na evangelização, no crescimento e na vida apostólica. O Documento de Santo Domingo (n. 101) diz que os ministérios que contam com a participação dos leigos na Igreja respondem às necessidades colaborando no acompanhamento à catequese, à oração e aos compromissos sociais. Ressalta a dimensão pastoral e evangelizadora dos ministérios.

A Igreja ministerial brota do Sacramento do Batismo que faz os leigos serem e atuarem no coração do mundo, na família, nos locais de trabalho, na escola, nos ambientes de lazer e na comunidade eclesial.

Formação dos ministros

Os ministérios devem corresponder a uma necessidade da comunidade eclesial e de sua ação no mundo, especialmente da evangelização. Devem, portanto, brotar da vida da comunidade e de sua atenção aos problemas concretos, reais, nos quais se percebe um apelo de Deus para agir.

Os ministérios, além de sua função na construção e vitalização interna da Igreja, devem ser pensados como um serviço voltado para o mundo, para o anúncio missionário do Evangelho e a construção de uma sociedade justa e solidária.

Os ministérios, no seu conjunto, devem expressar as diversas dimensões de uma comunidade eclesial: ministérios litúrgicos e serviços voltados para a ação social. É necessário que todo ministério tenha uma dimensão consciente de evangelização e não à mera execução de tarefas.

Os ministérios devem proporcionar estímulo de crescimento na fé e de aprofundamento de sua comunhão fraterna na Igreja. Nunca devem constituir-se em honrarias ou promoção pessoal.

2

Outros ministérios litúrgicos: unidade litúrgica

A pastoral litúrgica é o serviço para animar a vida litúrgica ocupando-se com a preparação, realização e avaliação da celebração. É indispensável ter equipes de pastoral litúrgica que são distintas das equipes de celebração.

O ministro da acolhida

A liturgia deve expressar a alegria do encontro com Deus e com os irmãos. Aquele que acolhe deve oferecer às pessoas, logo na chegada, tudo o que o mundo nega lá fora: gestos de delicadeza, respeito, fraternidade, solidariedade, atenção, apreço e ternura. Faz a vez do dono da casa que recebe seus amigos. Ele acolhe em nome de Cristo, o Bom Pastor.

O ministro da acolhida recebe os irmãos às portas da igreja. Cabe-lhe a tarefa de acolher quem chega. Deve dar atenção a todos, sem esquecer crianças e jovens.

Na porta da igreja ele saúda as pessoas que vêm chegando com simplicidade, simpatia, naturalidade. Providencia os folhetos ou livros necessários, entregando-os pessoalmente.

Sempre que necessário, dá atenção especial aos idosos, mães com crianças de colo e grávidas. Recebe as pessoas de outras comunidades em nome da comunidade local. Se for oportuno, pode apresentá-las ao presidente da celebração e demais membros da comunidade.

Dá sinal aos ministros ou ao sonoplasta sobre a qualidade de som. O recepcionista deve trabalhar em parceria com o operador de som. Fica atento ao bem-estar de todos: cuida da ventilação; ajuda se alguém estiver sentindo-se mal; convida a sair quem estiver realmente atrapalhando a celebração.

No final da mesma estará na porta da igreja, agradecendo e fazendo votos de rever os irmãos na seguinte celebração.

Os coroinhas (acólitos)

Quando há procissão de entrada, os coroinhas levam velas acesas ao lado da cruz. Quando as orações são feitas da cadeira presidencial, o coroinha age como librífero (trazendo o Missal).

Em missas festivas e aos domingos, no momento da proclamação do Evangelho, podem segurar velas acesas ao lado do ambão. Seu trabalho principal é servir o altar. Na apresentação das oferendas, primeiro é apresentado o cálice, depois as âmbulas com hóstias para consagrar, as galhetas com vinho e água e, finalmente, lava as mãos do presidente da celebração.

Há lugares onde os coroinhas seguram velas acesas ao lado do padre (ministro) no momento da Comunhão. Este costume é muito louvável. O fogo e a luz são presença de Deus. Podem dividir-se em várias funções: cruciferário, ceroferários, turiferário, acólitos, librífero, navetário...

O presidente da celebração

Aquele que preside deve sugerir uma presença viva de Jesus Cristo: pelo seu jeito de comunicar; pelos seus gestos; pelo seu tom de voz; pela sua atenção às pessoas;

pelo seu jeito de dirigir-se ao Pai em oração; pela sua maneira de distribuir a Comunhão.

Ele não celebra sozinho, mas com o povo, para Deus. Por isso, deve ouvir a palavra, cantar, rezar, comprometer-se com Jesus Cristo e ajudar o povo a fazer o mesmo.

O presidente não é o dono da celebração. Não deve ser centralizador nem ditador. Realmente preside à celebração aquele que sabe envolver a assembleia, promovendo os ministérios e conduzindo toda a comunidade a uma participação plena em todos os momentos.

Aquele que preside é a presença sacramental de Cristo. Age na pessoa de Cristo. A arte de presidir requer espiritualidade e boa comunicação. Nada de exageros, mas criatividade com sobriedade.

Quem preside mostre bom gosto na maneira de vestir-se e tenha postura digna de quem faz as vezes de Jesus Cristo. A missão de quem preside é levar a assembleia a rezar e bem participar.

O animador (comentarista)

Deve ser discreto e oportuno, animado e convidativo. Jamais deve ler, mas conversar, dialogar, ficar olhando para a assembleia.

Pode usar o texto oferecido pelos folhetos litúrgicos, mas deve adaptá-lo sempre a cada grupo reunido, a cada circunstância. O comentarista não pode tornar-se um mero "leitor de folheto".

Deve ajudar a criar um clima de oração e participação. Deve ter postura digna para o momento; ser sóbrio no ser e no vestir-se. Ter boa dicção e clareza.

Sua missão é convidar a assembleia a participar, observando a lei da brevidade. Tem a função de motivar, acolher, incentivar a assembleia fazendo intervenções breves e alertando para algum tema ou rito da celebração, promovendo a sintonia entre a assembleia e a celebração propriamente dita. Deve criar um clima de oração, e isso com simpatia e humildade.

O ministro da Palavra

O leitor deve preparar-se para que o povo possa ouvir e entender a Palavra de Deus. Não devemos improvisar leitores, nem solicitar sua ajuda em cima da hora.

Proclamar é diferente de ler. A postura do leitor no ambão deve traduzir a dignidade do momento e do livro que está sendo lido. Não deve ler para si, mas para o povo. Deve, portanto, aprender a levantar os olhos do texto.

A equipe de celebração deve proporcionar uma celebração fluente, leve e bem participativa.

O animador de cantos

O canto é parte necessária e integrante da liturgia. Cabe ao cantor a função de animar a celebração com os cantos e hinos litúrgicos. Deve escolher os hinos de acordo com o tempo litúrgico e com as várias partes da celebração.

Cabe ao animador do canto iniciá-lo e deixar o povo cantar. Cantor "estrela" acaba cantando sozinho, sem a participação da assembleia.

O animador do canto deve formar o seu grupo de cantores, reunir-se regularmente para ensaiar todas as músicas e, se possível, estudar um pouco o sentido e a função da música na liturgia.

O grupo de cantores (ou coral) deve sustentar o canto do povo e alternar com ele. Nunca, porém, pode substituir o canto do povo nos momentos destinados pelas orientações litúrgicas para serem cantados por toda a assembleia.

O salmista

É aquele que recita ou canta o salmo de resposta entre as leituras. O salmo responsorial faz parte da Liturgia da Palavra. O salmista não precisa mandar o povo repetir o refrão.

Durante o refrão cantado pelo povo, o salmista se cala. Desta forma a assembleia pode ouvir a própria voz. No final de cada estrofe o salmista levanta a cabeça para que o povo saiba que é o momento do refrão.

Operador de som

O sonoplasta deve ter a sensibilidade para aumentar ou diminuir o volume do som, controlar graves e agudos, testar os aparelhos, auxiliar os instrumentistas.

O sonoplasta não deve entender apenas de som. Deve conhecer a liturgia, para saber colocar a música certa e no momento correto da celebração.

Os instrumentistas

Quando o instrumento acompanha o canto, ele não pode se sobrepor às vozes, pois as palavras devem ser entendidas e ouvidas com suavidade.

O canto e a música apropriados à liturgia são aqueles que estão mais intimamente integrados à ação litúrgica e ao momento ritual ao qual se destinam.

A música litúrgica expressa o mistério de Cristo e a sacramentalidade da Igreja. E, sobretudo, é necessário distinguir canto litúrgico de música religiosa.

O decorador

O altar representa Cristo; não deve tornar-se uma prateleira de flores ou ornamentos. O altar, a mesa da Palavra e a sede (cadeira presidencial) devem ser bem visíveis.

O decorador deve ter uma formação litúrgica suficiente para que possa exprimir na ornamentação da igreja o espírito da liturgia do dia.

Todos os enfeites devem ser feitos com simplicidade e com materiais verdadeiros; por exemplo: flores naturais e não de plástico.

3

Liturgia: ações, sinais, gestos, palavras, símbolos e movimentos

Ações

A ação litúrgica faz memória, isto é, torna presente, traz para o momento atual os acontecimentos de salvação. Vamos dar o exemplo da Eucaristia. A celebração eucarística é a atualização, por meio de sinais e ritos, da morte de Cristo na cruz em favor de nós.

Temos um fato passado (a morte de Jesus). Esse fato torna-se presente para nós aqui e agora (celebração eucarística) e nos projeta para o futuro (o Reino de Deus vai se construindo até chegarmos à plena comunhão com Deus e com os irmãos).

A liturgia realiza-se na Igreja e pela Igreja. Na Igreja: a Igreja é o corpo vivo e real de Cristo (feito de pessoas que creem nele) em que o próprio Cristo cabeça está presente e age. Pela Igreja: Cristo não age sozinho; Ele serve-se dos membros da Igreja para realizar a ação litúrgica.

A obra sacerdotal de Cristo se torna, por participação, a obra sacerdotal da Igreja. Cristo age como mediador que une Deus aos homens e estes a Deus: tudo isso o faz mediante a entrega de sua vida. Por meio da Igreja agora acontece no mundo o que Cristo realizou em sua vida terrena. Por isso podemos dizer que liturgia é ação de Cristo e ação da Igreja.

Sinais

Que são sinais sensíveis? São objetos, cores, luzes, gestos, movimentos, e atingem nossos sentidos e dos quais nos servimos para entrarmos em comunhão com Deus. A celebração litúrgica passa necessariamente pelo corpo. A expressão corporal é o canal pelo qual manifestamos nossa fé.

Aos sinais sensíveis podemos dar o nome de linguagem simbólica. Os objetos, movimentos, gestos, palavras nos comunicam uma realidade invisível, a realidade de Deus.

Tudo isso requer a fé. Ela nos abre para a compreensão dos projetos de Deus e nos dispõe a acolhermos as graças que Ele nos infunde. Sem a fé as celebrações podem se tornar belos espetáculos, porém vazios, ineficazes.

Palavras

É o meio mais comum da comunicação entre as pessoas. Mas a palavra pode ser fonte de mal-entendidos. Podemos nos esconder atrás dela; é possível usá-la não para nos comunicar, mas para evitar a verdadeira comunicação. Por isso, comunicamos também com o nosso corpo. Essa linguagem não verbal comunica mais do que as palavras.

Símbolos

O símbolo é a expressão, a manifestação de uma realidade invisível, de uma experiência profunda: terra, água, plantas, flores, luz, pão, vinho. Neste caso, o símbolo – pão e vinho – torna-se sacramento cristão.

Gestos

A liturgia é feita de sinais sensíveis que captamos mediante nossos cinco sentidos: tato, paladar, olfato, visão e audição. Cada um desses sentidos deve ser devidamente posto a serviço da celebração.

O olhar deve ser expressão sincera do que as palavras dizem. Um olhar sereno, encorajador passará uma energia positiva a todos os participantes.

A audição é também importante: escutar os sons, a Palavra de Deus proclamada e comentada. Escutar também o silêncio.

O tato se expressa mediante o toque. A intensidade, o respeito, o modo como tocamos as pessoas e os objetos revelam o amor, o carinho que temos e indicam nosso grau de compreensão dos planos de Deus celebrados na liturgia.

O paladar e o olfato são dois sentidos um pouco esquecidos nas celebrações. Na Comunhão Eucarística o paladar tem seu lugar. É necessário que o pão seja pão e o vinho seja vinho. Quanto ao olfato, convém alargar o uso de plantas aromáticas, flores naturais, o incenso.

O incenso é símbolo das preces que os fiéis elevam até Deus; da reverência às pessoas e aos objetos. Por isso se costuma incensar o altar, o livro dos evangelhos, os ministros e toda a assembleia participante.

Posturas

A posição do corpo é sinal da comunidade e da unidade da assembleia, pois exprime e estimula os pensamentos e sentimentos dos participantes.

Estar de pé: é a posição de Cristo ressuscitado. Estar de pé simboliza prontidão: estamos prontos para caminhar em direção a Deus e aos irmãos. É também o símbolo da dignidade humana. Ficamos de pé para acolher as pessoas, saudá-las ou parabenizá-las.

Estar sentado: é a atitude não só de quem ensina, mas também de quem ouve. Por isso, os fiéis, durante a missa, sentam para ouvir as leituras (menos o Evangelho) e a homilia. É também a atitude de quem medita e fala com Deus.

Estar ajoelhado: revela o espírito de humildade e reconhecimento dos erros (penitência); expressa o ato de profunda adoração a Deus e é a atitude de quem reza. Uma variante do rezar ajoelhado é a prostração.

Prostrar-se: a prostração é o ato de deitar de bruços no chão. É realizada no início da ação litúrgica da Sexta-feira da Paixão, nas ordenações de bispos, presbíteros e diáconos, e em profissões religiosas.

Fazer genuflexão: é o ato de dobrar os joelhos. Ao entrar na igreja normalmente as pessoas se dirigem para diante do sacrário e aí fazem genuflexão. Expressam assim sua fé na presença do Cristo ressuscitado.

Costuma-se fazer genuflexão ao passar diante do Santíssimo Sacramento exposto. Atualmente vai-se alargando o costume de inclinar-se diante da cruz e mesmo diante do sacrário. A inclinação tem a força de uma saudação cordial, reverente.

Movimentos

Na procissão eucarística destacam-se três procissões: a de Entrada, a das Oferendas e da Comunhão. Há também procissões mais solenes, como é a do Evangelho. Todas elas manifestam o destino do povo de Deus em marcha. Todas devem ser acompanhadas de cantos apropriados. Faz parte dos movimentos também a dança.

Quando houver dança nas celebrações, tenha-se o cuidado para que ela seja de fato litúrgica. A dança deve favorecer a oração da assembleia, ajudá-la a celebrar melhor.

4
O Ano Litúrgico

O Ano Litúrgico é diferente do ano civil. Ele se inicia no I Domingo do Advento e termina no domingo em que a Igreja celebra Cristo Rei do Universo. Ao longo do Ano Litúrgico celebramos a obra salvífica de Cristo, nos domingos, nas festas, nas solenidades, no Tempo Comum da liturgia.

Por meio da reflexão e dos exercícios de piedade e de espiritualidade, todos temos a oportunidade de crescer na fé, na esperança e na caridade. Do mesmo modo são importantes as obras de penitência e de misericórdia.

Os períodos do Ano Litúrgico são: Advento, Natal, Quaresma, Tríduo Pascal, Páscoa e Tempo Comum. Há ainda, além desses períodos, outras ocasiões durante o ano em que a Igreja comemora e homenageia Jesus, Maria, os santos: são as solenidades, festas e memórias.

Advento

O período do Advento abre o Ano Litúrgico. Advento significa vinda, chegada. É o tempo em que se espera o nascimento de Jesus, a vinda de Cristo. Tem início no final de novembro ou começo de dezembro. Os quatro domingos que antecedem a Festa do Natal chamam-se domingos do Advento.

No Advento celebra-se o mistério da vinda do Senhor. Não apenas seu nascimento na gruta de Belém, mas também sua vinda entre nós hoje por meio dos sacramentos, e sua futura vinda, no fim dos tempos.

O Tempo do Advento é vivido pelos cristãos com muita alegria, com fé e com empenho. Além das orações próprias desse período, costuma-se fazer a coroa do Advento (quatro velas dispostas numa coroa de folhas naturais que são acesas uma a uma, nos quatro domingos). É durante o Advento, no dia 8 de dezembro, que se celebra a Festa de Nossa Senhora, a Imaculada Conceição.

Natal

O Tempo Litúrgico do natal inicia-se no dia 24 de dezembro e termina com a Festa do Batismo do Senhor, uma data móvel, isto é, que varia todos os anos. Neste período celebram-se duas grandes solenidades: Natal do Senhor e Epifania. E ainda duas festas: Sagrada Família e Santa Maria Mãe de Deus.

No Natal (25 de dezembro) comemora-se a vinda do Filho de Deus ao mundo, Jesus Cristo. A Epifania lembra como essa salvação foi manifestada a todos os seres humanos, representados pelos reis.

Como a celebração do Natal dura oito dias, costuma-se falar em "oitava do Natal". A Festa da Sagrada Família convida as famílias cristãs a viverem no amor e respeito, como Jesus, Maria e José. A Festa de Santa Maria, Mãe de Deus (1º de janeiro, que é também o Dia Mundial da Paz), relembra a maternidade de Maria. Encerrando o Tempo Litúrgico do Natal, celebra-se o Batismo de Jesus, lembrando o batismo de Jesus no Rio Jordão.

Quaresma

A palavra quaresma traz a ideia de quarenta. De fato, o Tempo da Quaresma dura quarenta dias. Inicia-se na quarta-feira de cinzas, logo após o carnaval, e termina na

Quarta-feira Santa, um dia antes, portanto, de começar o Tríduo Pascal (Quinta-feira Santa, Sexta-feira Santa e Sábado Santo).

A Quaresma é um tempo muito especial para todos os cristãos. É um tempo de renovação espiritual, de arrependimento, de penitência, de perdão, de muita oração e, sobretudo, de fraternidade. Por isso, no Brasil, a partir de 1964, durante a Quaresma, a Igreja convida os cristãos a viverem a Campanha da Fraternidade. Cada ano apresenta um tema e um lema específicos. Com o Domingo de Ramos inicia-se a Semana Santa.

Tríduo Pascal

As celebrações mais importantes de todo o Ano Litúrgico são as do Tríduo Pascal. Tríduo quer dizer "três dias" e pascal significa "da Páscoa". Inicia-se na Quinta-feira Santa e termina no Sábado Santo, com a Vigília Pascal.

Quinta-feira Santa: comemora-se a Última Ceia de Jesus, ocasião em que Ele tomou o pão e o vinho, abençoou-os e deu-os aos seus discípulos, dizendo tratar-se de seu Corpo e de seu Sangue. Assim Ele instituiu o Sacramento da Eucaristia, estabelecendo com o povo a Nova Aliança, por meio de seu sacrifício. Foi assim, durante a Última Ceia, que Jesus lavou os pés dos apóstolos, demonstrando humildade, serviço e amor ao próximo. Segue-se a vigília eucarística.

Sexta-feira Santa: a Igreja relembra a Paixão e Morte de Cristo numa cerimônia muito especial, realizada à tarde, pois foi por volta das quinze horas que Jesus morreu. Na Sexta-feira Santa não há celebração de missas.

Sábado Santo: este é um dia de recolhimento, reflexão e muito silêncio. Na noite do Sábado Santo renova-se a memória do acontecimento mais importante de nossa fé cristã: a Ressurreição. Há então em todas as igrejas uma cerimônia muito significativa, a mais importante de toda a liturgia, que é a Vigília Pascal.

A cerimônia da Vigília Pascal divide-se em quatro partes:

Liturgia da Luz: acende-se o Círio Pascal, que simboliza a luz de Cristo que vence as trevas da morte.

Liturgia da Palavra: por meio de leituras bíblicas são lembrados os fatos importantes realizados por Deus ao longo da história.

Liturgia Batismal: recorda que o batismo é a nossa Páscoa, ou seja, nossa "passagem" para a vida cristã. São renovadas as promessas feitas em nosso batismo, confirmando nossa vida em Cristo.

Liturgia Eucarística: celebra-se o sacrifício de Cristo com grande alegria, porque Jesus está vivo e nos salvou.

Páscoa

Páscoa significa a passagem, rememorando a passagem de Moisés, com todo o povo hebreu, ao retirar-se do Egito e libertando-se da escravidão. Também Jesus, ao ressuscitar, passou da morte para a vida, da escuridão à luz. Somos convidados a realizar essa mesma passagem, isto é, ressuscitar com Jesus para o amor e para o serviço ao próximo.

A Páscoa é um longo período litúrgico: além dos oito dias iniciais (a oitava da Páscoa), prolonga-se por mais seis domingos. O Tempo Pascal termina com duas importantes solenidades: Ascensão e Pentecostes.

Tempo Comum

O Tempo Comum abrange quase todo o ano inteiro. São 34 domingos, divididos em duas partes: a primeira compreende de seis a nove domingos, iniciando-se logo depois do Tempo do Natal e terminando na Quaresma; a segunda começa após o Tempo Pascal e vai até o fim de novembro, na Festa de Cristo Rei.

A segunda parte do Tempo Comum abre-se com a solenidade da Santíssima Trindade e depois Corpus Christi.

O Tempo Comum, ao longo de todos os seus domingos, mostra-nos a própria vida de Cristo, com seus ensinamentos, seus milagres, suas orações.

Solenidades, festas, memórias

Durante o ano, a Igreja não comemora apenas as festas litúrgicas. Há muitas outras datas celebradas para louvar o Senhor, para homenagear Maria, a mãe de Jesus, para venerar os santos (alguns destes, mártires), agradecendo a Deus por suas belas virtudes. Dentre essas celebrações, as mais importantes são as solenidades do

Sagrado Coração de Jesus, Anunciação do Senhor, Assunção de Maria, Todos os Santos, São José, São Pedro e São Paulo.

Há também as chamadas festas, como a de Santo Estêvão, dos arcanjos Miguel, Rafael e Gabriel, a Natividade de Nossa Senhora, a conversão de São Paulo. Finalmente, a Igreja celebra também as memórias, isto é, a lembrança de alguns santos que se distinguiram por sua vida e pelo seu exemplo.

5
As cores e objetos litúrgicos

Na liturgia são muito importantes as cores, que variam conforme o Tempo Litúrgico, ajudando-nos a identificar os momentos pelos quais estamos passando ao longo do ano. As cores litúrgicas aparecem em geral na estola e na casula (quando usada). Mas podem aparecer também nas toalhas, no altar e no ambão.

Branco: simboliza a vitória, a festa, a paz, a alma pura, a alegria. É usado nos ofícios e missas do Tempo Pascal e do Natal; nas festas e memórias do Senhor, exceto as da Paixão; nas festas e memórias da Bem-aventurada Virgem Maria, dos Santos Anjos, dos santos não mártires, na Festa de Todos os Santos, São João Batista, São João Evangelista, Cátedra de São Pedro e Conversão de São Paulo.

Vermelho: simboliza o fogo, o sangue, o amor divino, o martírio. É usado no Domingo da Paixão (Ramos) e na Sexta-feira Santa; no Domingo de Pentecostes, nas celebrações da Paixão do Senhor, nas festas dos apóstolos e evangelistas e nas celebrações dos santos mártires.

Verde: é a cor da esperança. É usado nos ofícios e missas do Tempo Comum (ao longo do ano).

Roxo: simboliza a penitência. É usado no Tempo do Advento e na Quaresma. Pode também ser usado nos ofícios e missas dos mortos.

Preto: é símbolo de luto. Pode ser usado nas missas pelos mortos.

Rosa: simboliza a alegria. Pode ser usada no III Domingo do Advento e no IV Domingo da Quaresma.

Quanto ao Tempo do Advento, hoje há uma tendência a se usar o violeta (ou rosáceo), em vez do roxo, para diferenciá-lo do Tempo Quaresmal (penitência) e acentuar a dimensão de alegre expectativa da vinda do Senhor. Nas missas pelos defuntos usa-se o roxo ou o preto.

Nomes e significados

Âmbula, cibório ou píxide: recipiente para a conservação e distribuição das hóstias aos fiéis.

Aspersório ou asperges: instrumento com que se joga água-benta sobre o povo ou objetos.

Caldeirinha: vasilha onde se coloca água-benta para aspersão das pessoas e de objetos.

Cálice: recipiente no qual se consagra o vinho durante a missa.

Candelabro: grande castiçal com ramificações, a cada uma das quais corresponde um foco de luz.

Castiçal: utensílio que serve de suporte para uma vela.

Círio pascal: vela grande que é benta e introduzida solenemente na igreja no início da Vigília Pascal. Em seguida, é colocada ao lado da mesa da Palavra ou do lado do altar. O círio permanece aceso durante as ações litúrgicas do Tempo Pascal (até Pentecostes). Costuma-se também apagá-lo solenemente e, depois, conservado junto à fonte batismal, acendendo-o em cada celebração de batismos. Representa o círio pascal aceso o Cristo ressuscitado.

Corporal: tecido em forma quadrangular sobre o qual se depositam o cálice com vinho e a patena com a hóstia (e cibórios).

Custódia: parte superior do ostensório, onde se mostra a hóstia consagrada.

Ostensório: objeto utilizado para exposição e bênção do Santíssimo Sacramento (utilizado também em procissões).

Galhetas: dois recipientes contendo respectivamente água e vinho para a celebração eucarística.

Hóstia: pedaço de pão não fermentado, usado na celebração eucarística para a Comunhão. Geralmente tem a forma circular.

Incenso: resina aromática extraída de várias plantas para se colocar sobre brasas. Utilizado nas missas, procissões e adorações ao Santíssimo Sacramento.

Luneta: peça circular do ostensório onde se coloca a hóstia consagrada para a exposição do Santíssimo.

Manustérgio: toalha com que o sacerdote enxuga as mãos após lavá-las durante a missa.

Naveta: pequeno vaso onde se transporta o incenso nas ações litúrgicas.

Pala: cartão quadrado, revestido de pano, para cobrir a patena e o cálice.

Patena: pequeno prato, geralmente de metal, para conter a hóstia durante a celebração da missa.

Partícula: pedaço pequeno de pão sem fermento, em geral de forma circular, que o padre consagra para a Comunhão dos fiéis.

Reserva eucarística: partículas consagradas guardadas no sacrário.

Sanguinho ou purificatório: tecido retangular com o qual o sacerdote, depois da Comunhão, seca o cálice e, se for preciso, a boca e os dedos.

Teca: pequeno estojo, geralmente de metal, onde se leva a Eucaristia aos enfermos. É usada também na celebração eucarística para conter as partículas.

Turíbulo: vaso utilizado para as incensações durante a celebração.

6

Os livros litúrgicos

São livros que contêm os ritos e os textos escritos para as celebrações. É importante que sejam tratados com cuidado e respeito, pois é deles que se proclama a Palavra de Deus e se profere a oração da Igreja.

Missal romano

Missal romano é o livro usado pelo sacerdote para a celebração eucarística. O Missal contém:
- Rito da Missa (partes fixas);
- Próprio do tempo: Advento, Natal, Quaresma, Tempo Comum etc.;
- Próprio dos santos;
- Coleção de prefácios;

- Várias orações eucarísticas;
- Missas rituais: batismo, confirmação, profissão religiosa etc.;
- Missas e orações para diversas necessidades: pelo papa, pelos bispos, pelos governantes, pela conservação da paz e da justiça etc.;
- Missas votivas: Santíssima Trindade, Espírito Santo, Nossa Senhora etc.;
- Missas dos fiéis defuntos.

No início, o Missal apresenta longa e preciosa introdução contendo a Instrução Geral sobre o Missal Romano e as Normas Universais para o Ano Litúrgico e o Calendário.

Lecionários

Lecionário é o livro que contém as leituras para a celebração eucarística. Os principais lecionários são:

- **Lecionário dominical:** compreende as leituras para as missas dos domingos e algumas solenidades e festas.

- **Lecionário semanal:** contém as leituras para os dias de semana de todo o Ano Litúrgico. A primeira leitura e o salmo responsorial de cada dia estão classificados por ano ímpar e ano par. O Evangelho é o mesmo para os dois anos.

- **Lecionário santoral:** contém as leituras para as solenidades e festas dos santos. Estão aí incluídas também as leituras para uso na administração dos sacramentos e para diversas circunstâncias.

- **Lecionário do Pontifical Romano:** contém as leituras que acompanham o Pontifical Romano. Ele é um livro que agrupa diversos livros litúrgicos usados nas celebrações presididas pelo bispo, por exemplo, crisma, ordenações, instituições de ministérios.

- **Lecionário para missas de Nossa Senhora:** usado para solenidades e festas de Nossa Senhora.

Evangeliário

É o livro dos evangelhos, usado na missa para a proclamação ou o canto do Evangelho.

Liturgia das Horas

Designação dada à oração e louvor da Igreja que tem por objetivo estender às diversas horas do dia a glorificação de Deus, que encontra seu ponto mais elevado na Oração Eucarística. Compreende quatro volumes: Volume I: Tempo do Advento, Natal e Epifania; Volume II: Tempo da Quaresma, Tríduo Pascal e Tempo Pascal); Volume III: Tempo Comum (da 1ª à 17ª semanas); Volume IV: Tempo Comum (da 18ª à 34ª semanas).

Rituais

- Ritual do batismo de crianças.
- Ritual da confirmação.
- Ritual da iniciação cristã dos adultos.
- Ritual da penitência.
- Ritual da unção dos enfermos e sua assistência pastoral.
- Ritual das exéquias.
- Ritual para o batismo de crianças.
- Ritual da dedicação de igreja e de altar.

- Ritual de bênçãos.
- Ritual de ordenações de bispos, presbíteros e diáconos.
- Ritual do matrimônio.
- Pontifical Romano.

7
Os sacramentos

A vida e os ensinamentos de Jesus e também a história dos primeiros cristãos revelaram à Igreja a existência de sete celebrações onde Deus está presente e pelas quais Ele age de modo muito especial na vida de cada cristão e da própria Igreja. Essas sete celebrações são os sete sacramentos.

Cristo prometeu ficar com a humanidade até o fim dos tempos. Portanto, Ele não só está presente entre nós, mas age e opera na Igreja. Os sacramentos são sinais dessa presença divina: por meio deles Jesus faz com que sua graça chegue até nós.

Todo sacramento é um sinal sensível e eficaz – palavras unidas a objetos ou a situações e gestos – realizado pela Igreja e que, de fato, comunica a vida divina à pessoa que o recebe. Os sacramentos visam à nossa santificação, à edificação da Igreja e ao culto a Deus.

Sacramentos da iniciação cristã

Batismo

Chama-se batismo por causa do rito central com que é celebrado: batizar significa "imergir" na água. O que é batizado é imerso na morte de Cristo e ressurge com Ele como "nova criatura" (2Cor 5,17). Chama-se também "banho da regeneração e da renovação no Espírito Santo" (Tt 3,5) e "iluminação", porque o batizado se torna "filho da luz" (Ef 5,8).

Jesus Cristo, no início da sua vida pública, fez-se batizar por João Batista, no Jordão. Na cruz, do seu lado trespassado, derramou sangue e água, sinais do Batismo e da Eucaristia, e depois da Ressurreição confiou aos apóstolos esta missão: "Ide e ensinai todos os povos, batizando-os no nome do Pai e do Filho e do Espírito Santo" (Mt 28,19-20).

O Batismo perdoa o pecado original, todos os pecados pessoais e as penas devidas ao pecado; faz participar na vida divina trinitária mediante a graça santificante, a graça da justificação que incorpora em Cristo e na Igreja; faz participar no sacerdócio de Cristo e constitui o fundamento da comunhão entre todos os cristãos; confere as virtudes teologais e os dons do Espírito Santo. O batizado pertence para sempre a Cristo. É assinalado com o selo indelével de Cristo (caráter).

Confirmação ou Crisma

Toda a vida e missão de Jesus se desenvolvem numa total comunhão com o Espírito Santo. Os apóstolos recebem o Espírito Santo no dia de Pentecostes e anunciam "as grandes obras de Deus" (At 2,11). Comunicam, por meio da imposição das mãos, o dom do mesmo Espírito. A Igreja continuou a viver do Espírito e a comunicá-lo aos seus filhos.

O rito essencial da Confirmação é a unção com o santo crisma (óleo misturado com bálsamo, consagrado pelo bispo), feita com a imposição da mão por parte do ministro que pronuncia as palavras sacramentais próprias do rito. Tal unção é feita sobre a fronte do batizado com as palavras: "Recebe por este sinal o Espírito Santo, dom de Deus".

O efeito da Confirmação é a efusão especial do Espírito Santo, como em Pentecostes. Tal efusão imprime na alma um caráter indelével e traz consigo um crescimento da graça batismal: enraíza mais profundamente na filiação divina; une mais firmemente a Cristo e à sua Igreja; revigora na alma os dons do Espírito Santo; dá uma força especial para testemunhar a fé cristã.

Eucaristia

É o próprio sacrifício do Corpo e do Sangue do Senhor Jesus, que Ele instituiu para perpetuar o sacrifício da cruz no decorrer dos séculos até o seu regresso, confiando assim à sua Igreja o memorial da sua morte e ressurreição. É o sinal da unidade, o vínculo da caridade, o banquete pascal em que se recebe Cristo. A alma se enche de graça e nos é dado o penhor da vida eterna.

Ela é fonte e cume da vida cristã. Na Eucaristia está contido todo o tesouro espiritual da Igreja: o próprio Cristo, nossa Páscoa. A comunhão da vida divina e a unidade do povo de Deus são significadas e realizadas na Eucaristia. Pela celebração eucarística unimo-nos desde já à liturgia do céu e antecipamos a vida eterna.

A riqueza deste sacramento exprime-se com diferentes nomes que evocam alguns dos seus aspectos particulares. Os mais comuns são: Eucaristia, Santa Missa, Ceia do Senhor, Fração do Pão, Celebração Eucarística, Memorial da Paixão, da Morte e da Ressurreição do Senhor, Santo Sacrifício, Santa e Divina Liturgia, Santos Mistérios, Santíssimo Sacramento do altar, Santa Comunhão.

Jesus Cristo está presente na Eucaristia de modo único e incomparável. Está presente de modo verdadeiro, real, substancial: com o seu Corpo e o seu Sangue, com a sua alma e a sua divindade. Nela está presente em modo sacramental, isto é, sob as espécies eucarísticas do pão e do vinho, Cristo completo: Deus e homem.

A sagrada Comunhão aumenta a nossa união com Cristo e com a sua Igreja, conserva e renova a vida da graça recebida no Batismo e no Crisma, e faz-nos crescer no amor para com o próximo. Fortalecendo-nos na caridade, perdoa os pecados veniais e preserva-nos dos pecados mortais, no futuro.

Sacramentos da cura

Penitência ou Reconciliação

É chamado Sacramento da Penitência, da Reconciliação, do Perdão, da Confissão, da Conversão. O Senhor ressuscitado instituiu este sacramento quando disse aos apóstolos: "Recebei o Espírito Santo; àqueles a quem perdoardes os pecados serão perdoados; àqueles a quem os retiverdes serão retidos" (Jo 20,22-23).

O apelo à conversão ressoa continuamente na vida dos batizados. Esta conversão é um empenho contínuo para toda a Igreja, que é santa, mas contém pecadores no seu seio.

Os efeitos do Sacramento da Penitência são: a reconciliação com Deus e, portanto, o perdão dos pecados; a reconciliação com a Igreja; a recuperação, se perdida, do estado de graça; a remissão da pena eterna merecida por causa dos pecados mortais e, ao menos em parte, das penas temporais que são consequência do pecado; a paz e a serenidade da consciência, e a consolação do espírito; o acréscimo das forças espirituais para o combate cristão.

Unção dos Enfermos

A compaixão de Jesus pelos doentes e as numerosas curas de enfermos são um claro sinal de que, com Ele, chegou o Reino de Deus e a vitória sobre o pecado, o sofrimento e a morte. Com a sua paixão e morte, Ele dá um novo sentido ao sofrimento, o qual, se unido ao seu, pode ser meio de purificação e de salvação para nós e para os outros.

A Igreja, tendo recebido do Senhor a ordem de curar os enfermos, procura pô-la em prática com os cuidados para com os doentes, acompanhados da oração de intercessão. Ela possui, sobretudo, um sacramento específico em favor dos enfermos, instituído pelo próprio Cristo e atestado por São Tiago: "Quem está doente, chame os presbíteros da Igreja e rezem por ele, depois de tê-lo ungido com óleo em nome do Senhor" (Tg 5,14-15).

Este sacramento pode ser recebido pelo fiel que começa a encontrar-se em perigo de morte por doença ou velhice. O mesmo fiel pode recebê-lo também outras vezes se a doença se agrava ou então no caso de doença grave. A celebração deste sacramento, se possível, deve ser precedida pela confissão individual do doente.

Ele confere uma graça especial que une mais intimamente o doente à Paixão de Cristo, para o seu bem e de toda a Igreja, dando-lhe conforto, paz, coragem, e também o perdão dos pecados, se o doente não puder se confessar. Este sacramento consente por vezes, se for a vontade de Deus, também a recuperação da saúde física. Em todo o caso, esta unção prepara o doente para a passagem à casa do Pai.

Sacramentos a serviço da comunhão e da missão

Ordem

É o sacramento graças ao qual a missão confiada por Cristo aos seus apóstolos continua a ser exercida na Igreja, até ao fim dos tempos.

Ordem indica um corpo eclesial, do qual se passa a fazer parte, mediante uma especial consagração (ordenação), a qual, por um particular dom do Espírito Santo, permite exercer um poder sagrado em nome e com a autoridade de Cristo para o serviço do povo de Deus.

Compõe-se de três graus: o episcopado, o presbiterato e o diaconato.

A ordenação episcopal confere a plenitude do Sacramento da Ordem, faz do bispo o legítimo sucessor dos apóstolos, insere-o no colégio episcopal, partilhando com o papa e os outros bispos a solicitude por todas as igrejas, e lhe confere a missão de ensinar, santificar e governar.

A unção do Espírito assinala o presbítero com um caráter espiritual indelével, configura-o a Cristo sacerdote e torna-o capaz de agir em nome de Cristo cabeça. Sendo cooperador da ordem episcopal, ele é consagrado para pregar o Evangelho, para celebrar o culto divino, sobretudo a Eucaristia, da qual o seu ministério recebe a força, e para ser o pastor dos fiéis.

O diácono, configurado a Cristo servo de todos, é ordenado para o serviço da Igreja sob a autoridade do bispo, em relação ao ministério da Palavra, do culto divino, da condução pastoral e da caridade.

Este sacramento dá uma especial efusão do Espírito Santo, que configura o ordenado a Cristo na sua tríplice função de Sacerdote, Profeta e Rei, segundo os respectivos graus do sacramento. A ordenação confere um caráter espiritual indelével: por isso não pode ser repetida nem conferida por um tempo limitado.

Matrimônio

A união matrimonial do homem e da mulher, fundada e dotada de leis próprias pelo Criador, está por sua natureza ordenada à comunhão e ao bem dos cônjuges e à geração e bem dos filhos. Segundo o desígnio de Deus, a união matrimonial é indissolúvel, como afirma Jesus Cristo: "O que Deus uniu não o separe o homem" (Mc 10,9).

Jesus Cristo não só restabelece a ordem inicial querida por Deus, mas dá a graça para viver o matrimônio na nova dignidade de sacramento, que é o sinal do seu amor esponsal pela Igreja: "Vós maridos amai as vossas mulheres, como Cristo amou a Igreja" (Ef 5,25).

O consentimento matrimonial é a vontade, expressa por um homem e por uma mulher, de se entregarem mútua e definitivamente, com o fim de viver uma aliança de amor fiel e fecundo. Dado que o consentimento faz o matrimônio, ele é indispensável e insubstituível. Para que o matrimônio seja válido, o consentimento deve ter como objeto o verdadeiro matrimônio e ser um ato humano, consciente e livre, não determinado pela violência ou por constrições.

O Sacramento do Matrimônio gera entre os cônjuges um vínculo perpétuo e exclusivo. O próprio Deus sela o consentimento dos esposos. Portanto, o matrimônio concluído e consumado entre batizados não pode ser nunca dissolvido. Este sacramento confere também aos esposos a graça necessária para alcançar a santidade na vida conjugal e para o acolhimento responsável dos filhos e a sua educação.

8
Eucaristia: fundamentos bíblico-teológicos

Origem e instituição

A celebração eucarística tem sua origem na Última Ceia de Jesus. No contexto da ceia pascal dos judeus, Jesus antecipa o dom total de si mesmo em sacrifício de redenção e institui o memorial da Nova Aliança. Jesus realiza, por meio de um ritual, o que vai realizar na realidade (morte de cruz).

A ceia pascal dos judeus recordava o acontecimento mais importante do Antigo Testamento, ou seja, a saída do povo da escravidão do Egito e a entrada na terra prometida. Essa recordação se fazia por meio de um banquete (ceia pascal) no qual se consumiam ervas amargas, pão e cordeiro, e se bebia vinho.

Jesus convida seus discípulos para a ceia pascal e introduz um elemento novo: Ele toma o pão e dá graças a Deus. Em seguida parte o pão e o entrega a seus discípulos, dizendo: "Isto é o meu Corpo que será entregue por todos. Façam isto em memória de mim". Depois, toma o cálice com vinho, dá graças a Deus e entrega o cálice aos discípulos, dizendo: "Este cálice é a nova aliança no meu Sangue. Todas as vezes que beberem dele, façam isto em memória de mim".

Analisando a instituição da Eucaristia, encontramos quatro verbos que Jesus utiliza e que constituem a estrutura fundamental da celebração eucarística:

1) Tomar: apresentação das oferendas.

2) Dar graças: oração eucarística.

3) Partir: fração do pão.

4) Dar: comunhão, refeição.

Duas mesas

No Evangelho de Lucas encontramos o episódio dos discípulos de Emaús. Nesse relato é possível perceber que, ao lado da mesa eucarística, já havia a mesa da Palavra. Percebemos os traços principais da atual celebração eucarística.

1) Primeira parte (Lc 24,25): Jesus cita e explica as Escrituras (mesa da Palavra).

2) Segunda parte (Lc 24,30): Jesus toma o pão e o abençoa; depois o parte e o distribui (mesa da Eucaristia).

Uma passagem dos Atos dos Apóstolos mostra como no tempo dos apóstolos já se abria espaço para a Palavra de Deus, ao lado da Fração do Pão. Podemos dizer que são os rudimentos do que chamamos atualmente a mesa da Palavra.

"No primeiro dia da semana (domingo) estávamos reunidos para a Fração do Pão. Paulo, que devia partir no dia seguinte, dirigia a palavra aos fiéis, e prolongou o discurso até a meia-noite. Havia muitas lâmpadas na sala superior, onde estávamos reunidos [...]. Depois subiu novamente, partiu o pão e comeu. Ficou conversando com eles até de madrugada, e depois partiu" (At 20,7-8.11).

Nomes da Eucaristia

- **Ceia do Senhor:** este é considerado o termo mais antigo para designar a Eucaristia. Encontra-se em 1Cor 11,20.

- **Fração do Pão:** este nome encontra-se nas seguintes passagens do Novo Testamento: Lc 24,35; At 2,42.46; 20,7.11; 27,35.

- **Eucaristia:** este nome aparece na *Didaqué* 9-10.14. A *Didaqué* é um dos testemunhos mais antigos, provavelmente do fim do século I, sobre a vida da Igreja e a Eucaristia.

- **Sacrifício:** termo utilizado a partir do século III que adquiriu grande importância na Idade Média.

- **Liturgia:** nome usado a partir do século IX, significando o conjunto de ações litúrgicas ou o Ofício Divino.

- **Missa:** com o sentido de despedir, dispensar: o que se refere a uma parte (o final de celebração) passou a designar toda a celebração.

9

Eucaristia: nomes e significados

Eucaristia é sacrifício

Na Última Ceia, Jesus tomou o pão, rendeu graças e o deu a seus discípulos como seu Corpo oferecido em sacrifício, para que dele comessem. E pegando um cálice com vinho, disse-lhes: "Bebei dele todos, pois isto é o meu Sangue, o Sangue da Aliança, que será derramado por muitos para a remissão dos pecados" (Mt 26,28).

O sacrifício de Jesus não é algo que se reduz aos seus últimos momentos de vida terrena, ou seja, sua paixão e morte. Toda a sua vida foi uma imolação constante. Jesus não buscou seus próprios interesses, mas procurou sempre fazer a vontade do Pai.

Sua vida foi uma contínua doação em favor do povo. Sua vida de total entrega culmina com a morte na cruz.

Sua paixão e morte são o coroamento de toda a sua vida doada: "Tendo amado os seus que estavam no mundo, amou-os até o fim" (Jo 13,1).

Eucaristia é assembleia

É no seio da Igreja que o sacrifício de Cristo se torna presente. Igreja é palavra de origem grega que significa assembleia, comunidade do povo, convocada e reunida por Deus.

A assembleia cristã, portanto, é uma comunidade que celebra e no meio da qual desde o primeiro momento está presente Cristo, o Senhor.

Quem faz parte da assembleia? Todos os fiéis que se reúnem para celebrar em nome do Pai e do Filho e do Espírito Santo, o povo e os ministros, incluindo-se o ministro ordenado a quem cabe presidir a Eucaristia.

Eucaristia é refeição

A missa é uma refeição, uma festa, um banquete. Quem faz o convite é Deus. A convocação é dirigida a nós, com a finalidade de nos alimentar com sua Palavra e com o Corpo e Sangue do seu Filho Jesus.

O banquete eucarístico sugere, portanto, a presença de convidados (assembleia) e alimento (pão e vinho, Corpo e Sangue do Senhor). Sendo o banquete eucarístico uma festa, há também a necessidade da participação externa e da participação interna da assembleia.

Constituem elementos da participação externa os movimentos, as palavras, as aclamações, os cantos, as orações, os sinais, o abraço da paz etc. Ao passo que a participação interna é a predisposição de cada membro da assembleia, sua vontade de estar ali com os irmãos, consciente do que vai celebrar. A participação interna começa antes que a pessoa entre na igreja para a celebração.

Eucaristia é comunhão

Comunhão quer dizer comunicação. Quando vamos receber a Comunhão estabelecemos uma comunicação com Jesus e com os irmãos e irmãs. Portanto, receber a Comunhão não é simplesmente receber e comer um pedaço de pão consagrado. Esse gesto significa que aquele que comunga está em comunhão com o corpo de Cristo, que é a Igreja.

Comungar o corpo de Cristo é estar em harmonia e paz, não somente com Jesus, mas também com todos os que participam da mesma refeição. E não somente com os que participam naquele momento, mas com todos, indistintamente, em todos os momentos.

Eucaristia é compromisso social

A celebração eucarística não é um ato fechado em si mesmo. Ela é aberta para a realidade do mundo que nos circunda. Por isso a missa se expande, prolonga-se para além da própria celebração. A missa não pode estar longe da realidade que envolve o povo. Cada pessoa, ao participar do banquete eucarístico, leva consigo um compromisso, uma missão.

Levamos a realidade para a celebração, e levamos a força da celebração para iluminar a realidade. Deste modo, fazemos a união da fé com a vida.

Portanto, enquanto houver irmãos passando fome, nós cristãos não podemos cruzar os braços, não podemos celebrar e ficar acomodados. Justamente porque a celebração nos encaminha para a ação. Assim, podemos dizer que a celebração eucarística gera um compromisso social.

Eucaristia é gratuidade

Gratuidade vem da palavra latina grátis, de graça. A Eucaristia pede que sejamos gratuitos, generosos, acolhedores, sem preconceitos. Essa gratuidade se manifesta na celebração e além da celebração. Por isso, quando vamos participar da Eucaristia, não convém ficarmos controlando o relógio, achando que tudo está pesado, cansativo, sem interesse.

É verdade que, por vezes, nossas celebrações ainda são feitas com muito palavreado. Vamos dar espaço para a Palavra de Deus e diminuir as nossas palavras! Vamos dar preferência para externar nossa fé através do canto e dos gestos simbólicos e manter as palavras indispensáveis para bem celebrarmos. É uma saída para se evitar que a celebração seja cansativa.

Ser gratuito, durante a celebração, é deixar-se conduzir pelo Espírito Santo. É seguir as inspirações que nos vêm da Palavra, dos símbolos, dos gestos simbólicos.

10

Eucaristia e compromisso
O atendimento pastoral

Na assistência aos doentes e idosos

A parábola que Jesus contou a respeito do bom samaritano diz que ele "Pôs azeite e vinho nas feridas" (Lc 10,34). O costume de ungir os doentes com óleo de oliva vinha de passado longínquo. Existia como tradicional prática medicinal. E o vinho, como desinfetante.

Jesus mostrava carinho para com os doentes. Ia ao encontro deles quando chamado. E para os que o procuravam, com fé, confiando nele, a todos curava. Queria que seus discípulos fizessem como Ele, continuando a ter esse carinho para com os doentes. Por isso, a certa altura de sua vida pública, enviou seus discípulos para uma missão. Eles foram e "ungiam com óleo muitos enfermos e os curavam" (Mc 6,13).

Ele não emprega medicinas caseiras para curar, como se fazia tradicionalmente. Põe em prática sua força divina de curar que supera todos os outros meios. Curava em nome próprio, dizendo: "Eu quero, sê curado" (Mt 8,3). Sabe escutar os lamentos e os apelos dos enfermos. Vai a eles e, com um toque, um gesto, uma palavra, os cura. A enfermidade em si é símbolo do pecado da humanidade; as curas, símbolo da vitória de Cristo sobre a força do mal.

Queria que seus discípulos se associassem a Ele, continuando sua missão com relação aos enfermos. Por isso, deu-lhes o poder de curar as enfermidades: "Chamando os doze discípulos, conferiu-lhes poder para curar todo o tipo de enfermidades e doenças" (Mt 10,1).

Curar os doentes faz parte da missão dos discípulos de Cristo. Através deles Jesus quer continuar sua missão ao longo da história, pois é sempre Ele quem assiste os doentes por meio de seus discípulos.

Depois de Pentecostes, com a descida do Espírito Santo, os apóstolos começaram sua missão pregando a boa-nova, curando os doentes "em nome de Jesus Nazareno". E as pessoas "traziam os doentes para as ruas e punham-nos em leitos e macas, a fim de que, quando Pedro passasse, ao menos a sua sombra cobrisse alguns deles". "Traziam os enfermos e os atormentados por espíritos imundos, e todos eram curados" (At 5,15-16).

São Paulo afirma que na comunidade "a cada um é dada uma manifestação do Espírito para o bem comum" (1Cor 12,9). Esse carisma de cura, em si, não é o poder de fazer milagres, mas serviço a favor dos enfermos para a edificação da comunidade.

A identificação de Cristo com os enfermos e a exortação a visitá-los (estive doente e me visitastes) foram entendidas pelos discípulos como assistência espiritual e ajuda material.

O enfermo, de repente, sente a experiência de sua limitação. De sua fragilidade e de sua contingência. Também de sua dependência dos outros, necessitando de ajuda. Sendo doença grave, o enfermo é arrancado de sua família e levado para o hospital.

Nesse momento, os cristãos têm a missão importante no sentido de preparar e ajudar o doente a aceitar sua realidade. Dando-lhe os meios necessários para oferecer a Deus, sua fraqueza, suas dores, seu sofrimento e sua doença, como prece. Vivendo sua situação em conformidade com a vontade de Deus. Nenhum cristão deve se omitir diante da situação de necessidade de um enfermo.

Cristo assumiu nossas angústias, sofreu nossos sofrimentos, participou de nossa fraqueza e morreu a nossa morte. Aceitou sua situação obedecendo ao Pai e oferecendo-se a Ele em oblação por nós. Pôs amor dentro do sofrimento e na dor e fez deles meios de vida e de salvação.

Nas visitas e bênçãos

Jesus também envia seus apóstolos e discípulos: "Ide e anunciai" (Mt 28,19). Dois a dois, pregam a penitência, expulsam demônios, ungem com óleo os doentes e os curam (Mc 6,7-13). Ensina também que, ao entrar nas casas, é preciso abençoá-las, dizendo: "Paz a esta casa" (Lc 10,5). Os primeiros cristãos partem o pão nas casas (At 2,46) e São Paulo afirma aos anciãos da Igreja de Éfeso que nunca deixou de anunciar, publicamente e de casa em casa, o que pudesse ser proveitoso (cf. At 20,20).

"Na liturgia da Igreja, a bênção divina é plenamente revelada e comunicada: o Pai é reconhecido e adorado como a fonte e o fim de todas as bênçãos da criação e da salvação. No seu Verbo, encarnado, morto e ressuscitado por nós, Ele nos cumula com suas bênçãos, e através dele derrama em nossos corações o dom que contém todos os dons: o Espírito Santo" (*Catecismo da Igreja Católica,* n. 1.082).

O ministério da visitação e da bênção nos envia, em missão, em nome de Jesus e da Igreja, para anunciar os valores do Reino, entre outros: a fé, a esperança, a caridade, a justiça, a verdade e a paz.

Os ministros, ao se dedicarem à visitação e à bênção precisam cultivar uma espiritualidade para conferir eficácia ao trabalho e contornar a tentação de transformar as atividades em meras visitas ou, com o correr do tempo, em autopromoção. A visitação e a bênção nascem de Deus, que nos visitou e abençoou em Jesus Cristo.

O ministério da visitação e da bênção é um serviço, uma diaconia de evangelização e de solidariedade cristã, iniciativa que facilita o conhecimento dos fiéis, de seus problemas, de suas potencialidades, permite ouvi-los e dar-lhes oportunidade de cooperação; traz-lhes a boa-nova da Palavra de Jesus Cristo e a bênção da Igreja.

Abençoar é pedir a Deus, em favor de alguém. É gesto de amor e de solidariedade cristã. A bênção é sinal de benevolência: dádiva que vem de Deus, louvor do homem a Deus, proteção implorada na oração e desejada no coração.

Na Igreja somos fundamentalmente iguais, pela vocação cristã e pela graça do batismo e como membros fraternos da mesma comunidade eclesial (cf. LG 30 e 32). Pastores e leigos, no entanto, distinguem-se no serviço prestado à Igreja; distinguem-se pela missão e pelo ministério. Os pastores recebem o poder sagrado pelo Sacramento da Ordem. Os leigos, em decorrência do batismo e da crisma, vivem os valores evangélicos no mundo e dão aí o seu testemunho.

Por isso, os leigos são chamados, sempre mais, a assumirem compromissos pastorais. A atuação dos leigos multiplica a possibilidade de a Igreja valorizar as pessoas na evangelização, transmitindo a mensagem através do contato pessoal. Essa comunicação, em clima de atenção e delicadeza, é sobremaneira valorizada pelo homem moderno, massificado e desvalorizado enquanto ser humano.

Referências

BARONTO, L.E.P. *Preparando passo a passo a celebração*. São Paulo: Paulus, 1997.

BARROS, M. *Semana Santa*: anos A, B e C. São Paulo: Paulus, 1989.

BOHN, A.F. "A liturgia". *Blumenau*. 03/05/03.

BRUNELLO, S. *Servindo ao Senhor com alegria*. São Paulo: Paulinas, 1995.

BUYST, I. *A missa, memória de Jesus no coração da vida*. Petrópolis: Vozes, 1997.

Catecismo da Igreja Católica. Petrópolis: Vozes, 1993.

CELAM-DELEI. *Manual de formação dos leigos*. Petrópolis: Vozes, 1995.

CNBB. *A animação da vida litúrgica no Brasil*. São Paulo: Paulus, 1989 [Doc. 43].

DIOCESE DE CAXIAS DO SUL. *Curso de preparação para ministros leigos*. São Paulo: Paulus, 1997.

DONGHI, A. *Gestos e palavras*. São Paulo: Paulus, 2005.

DUARTE, L.M. *Semana Santa*: preparar e celebrar. São Paulo: Paulus, 2004.

GASQUES, J. *Diaconia do acolhimento*. São Paulo: Paulus, 1996.

GOEDERT, W.M. *Orientações para ministros extraordinários da Sagrada Comunhão*. São Paulo: Paulinas, 1991.

MANCÍLIO, F. *Na Mesa da Palavra*. Aparecida: Santuário, 2006.

Índice

Sumário, 5

Apresentação, 7

Introdução, 9

1 Ministros extraordinários da Comunhão, 11

2 Outros ministérios litúrgicos: unidade litúrgica, 15

3 Liturgia: ações, sinais, gestos, palavras, símbolos e movimentos, 23

4 O Ano Litúrgico, 31
   Advento, 32
   Natal, 32
   Quaresma, 33
   Tríduo Pascal, 34
   Páscoa, 36

Tempo Comum, 37
  Solenidades, festas, memórias, 37

5 As cores e objetos litúrgicos, 39
  Nomes e significados, 41

6 Os livros litúrgicos, 45
  Missal romano, 45
  Lecionários, 46
  Evangeliário, 47
  Liturgia das Horas, 48
  Rituais, 48

7 Os sacramentos, 51
  Sacramentos da iniciação cristã, 52
    Batismo, 52
    Confirmação ou Crisma, 53
    Eucaristia, 54
  Sacramentos da cura, 56
    Penitência ou Reconciliação, 56
    Unção dos Enfermos, 57
  Sacramentos a serviço da comunhão e da missão, 58
    Ordem, 58
    Matrimônio, 60

8 Eucaristia: fundamentos bíblico-teológicos, 63
   Origem e instituição, 63
   Duas mesas, 64
   Nomes da Eucaristia, 66

9 Eucaristia: nomes e significados, 67
   Eucaristia é sacrifício, 67
   Eucaristia é assembleia, 68
   Eucaristia é refeição, 68
   Eucaristia é comunhão, 69
   Eucaristia é compromisso social, 70
   Eucaristia é gratuidade, 71

10 Eucaristia e compromisso – O atendimento pastoral, 73
   Na assistência aos doentes e idosos, 73
   Nas visitas e bênçãos, 76

Referências, 81

Conecte-se conosco:

- **f** facebook.com/editoravozes
- 📷 @editoravozes
- 🐦 @editora_vozes
- ▶ youtube.com/editoravozes
- 🟢 +55 24 2233-9033

www.vozes.com.br

Conheça nossas lojas:

www.livrariavozes.com.br

Belo Horizonte – Brasília – Campinas – Cuiabá – Curitiba
Fortaleza – Juiz de Fora – Petrópolis – Recife – São Paulo

  Vozes de Bolso

EDITORA VOZES LTDA.
Rua Frei Luís, 100 – Centro – Cep 25689-900 – Petrópolis, RJ
Tel.: (24) 2233-9000 – E-mail: vendas@vozes.com.br